大方廣佛華嚴經 寫經

4

🪷 일러두기

1. 『사경본 한글역 대방광불화엄경』은 『독송본 한문·한글역 대방광불화엄경』에 수록된 한글역을 사경하는 데 편의를 도모하기 위해 편집을 달리하여 간행한 것이다.

2. 『독송본 한문·한글역 대방광불화엄경』은 실차난타가 한역(695~699)한 80권 『대방광불화엄경』의 한문 원문과 한글역을 함께 수록한 것이다. 한문 저본은 고종 2년(1865) 월정사에서 인경한 고려대장경 『대방광불화엄경』이다.

3. 한글 번역은 동국역경원에서 발간한 한글 『대방광불화엄경』(운허)을 중심으로 하고 『신화엄경합론』(탄허)과 『대방광불화엄경 강설』(여천무비) 그리고 최근의 여타 번역본 등을 참조하였다.

4. 한글 번역은 독송과 사경을 위하여 정확성과 아울러 가독성을 고려하였다. 극존칭은 부처님과 불경 계에 대해서만 사용하였다.

5. 사경본의 차례는 일러두기 → 한글역 본문 → 화엄경 목차 → 간행사이며 80권 『대방광불화엄경』의 권별 목차 순으로 독송본과 함께 간행한다. (법공양판에는 간행사 다음에 간행불사 동참자를 밝혀 두었다.)

사경본 한글역
대방광불화엄경 제4권

1. 세주묘엄품 [4]

수미해주

대방광불화엄경 제4권 변상도

_____ 은(는)『대방광불화엄경』을
사경하는 인연공덕으로
『화엄경』이 널리 유통되고
우리 모두 다함께 보리 이루기를 발원하옵니다.

대방광불화엄경
제4권

1. 세주묘엄품 [4]

또 보광염장 주화신은 일체 세간의 어두움을 다 없애는 해탈문을 얻었고, 보집광당 주화신은 일체 중생이 모든 미혹으로 뜨거운 고뇌에 표류하는 것을 능히 쉽게 하는 해탈문을 얻었고, 대광변조 주화신은 흔들림 없는 복력과 대비의 창고 해탈문을 얻었다.

　중묘궁전 주화신은 널리 번뇌의 티끌을 능히 없애주는 해탈문을 얻었고, 무진광계 주화신은 광명이 가없는 허공계를 밝게 비추는 해탈문을 얻었고, 종종염안 주화신은 갖가지 복으로 장엄된 적정한 광명의 해탈문을 얻었고, 시방궁전여수미산 주화신은 일체 세간 모든 갈래의 치성한 고통을 능히 멸하는 해탈문을 얻었다.

위광자재 주화신은 일체 세간을 자재하게 깨우치는 해탈문을 얻었고, 광조시방 주화신은 일체 어리석고 집착하는 견해를 영원히 깨뜨리는 해탈문을 얻었고, 뇌음전광 주화신은 일체 원력을 성취하여 크게 외치는 해탈문을 얻었다.

그 때에 보광염장 주화신이 부처님의 위신력을 받들어 일체 주화신의 대중들을 두루 살펴보고 게송을 설하여 말씀하였다.

그대는
여래의 정진력을 관해 보라
부사의한
광대한 억겁 동안
중생들을 이롭게 하려고
세간에 출현하셔서
있는 바 어두운 장애를
다 없애주시도다.

중생들이 어리석어
모든 소견을 일으켜서
번뇌가 마치

물이 흐르고 불이 타는 듯하거늘
도사께서 방편으로
다 멸하여 없애주시니
보집광당 주화신이
이에 깨달았도다.

복덕이 허공과 같아
다함이 없으셔서
그 끝을 구하여도
얻을 수 없음이라
이것은 부처님 대비의
흔들림 없는 힘이시니

대광변조 주화신이
깨달아 들어가서 기뻐하였도다.

여래께서 행하신 것을
내가 관해 보니
겁바다를 지나도록
끝이 없음이라
이와 같이 신통력을
나타내 보이시니
중묘궁전 주화신이
요달해 안 바로다.

억겁 동안 닦아 이루심이
불가사의함이여
그 끝을 구하여도
알 수 없음이라
법의 실상을 연설하여
환희하게 하시니
무진광계 주화신이
관하여 본 바로다.

시방에 있는
광대한 대중들이
일체가 나타나서

부처님을 우러러보거늘
적정한 광명으로
세간을 비추시니
이것은 종종염안 주화신이
요달한 바로다.

석가모니 부처님께서
모든 세간에 출현하시어
일체 궁전 가운데
앉으셔서
가없고 광대한 법을
널리 비 내리시니

이것은 시방궁전여수미산
주화신의 경계로다.

모든 부처님의 지혜가
가장 깊고 깊으셔서
법에 자재하여
세간에 나타나시어
능히 진실한 이치를
다 열어 밝히시니
위광자재 주화신이
이것을 깨닫고 기뻐하였도다.

모든 어리석은 소견이

어두운 덮개가 되어서

중생들이 미혹하여

항상 유전하거늘

부처님께서 미묘한 법문을

열어 밝혀주시니

이것은 광조시방 주화신이

능히 깨달아 들어갔도다.

서원의 문이 광대하여

부사의함이라

힘 바라밀을 닦아 다스려

이미 청정하셔서
옛적에 서원한 마음으로
다 출현하시니
이것은 뇌음전광 주화신이
요달한 바로다.

또 보흥운당 주수신은 일체 중생에게 평등하게 이익을 주는 자애의 해탈문을 얻었고, 해조운음 주수신은 가없는 법으로 장엄한 해탈문을 얻었고, 묘색륜계 주수신은 응당 교화할 이를 관찰하여 방편으로 널리 섭수하는 해탈문을 얻었다.

선교선복 주수신은 모든 부처님의 매우 깊은 경계를 널리 연설하는 해탈문을 얻었고, 이구향적 주수신은 청정하고 큰 광명을 널리 나타내는 해탈문을 얻었고, 복교광음 주수신은 청정한 법계가 모양도 없고 성품도 없는 해탈문을 얻었고, 지족자재 주수신은 다함없는 대비바다의 해탈문을 얻었다.

정희선음 주수신은 보살 대중들이 모인 도량 가운데 큰 환희의 창고가 되는 해탈문을 얻었고, 보현위광 주수신은 걸림 없고 광대한 복덕의 힘으로 널리 출현하는 해탈문을 얻었고, 후성변해 주수신은 일체 중생을 관찰하여 허공과 같이 조복하는 방편을 일으키는 해탈문을 얻었다.

그 때에 보흥운당 주수신이 부처님의 위신력을 받들어 일체 주수신의 대중들을 두루 살펴보고 게송을 설하여 말씀하였다.

세계 티끌 수의
청정한 자애의 문이
여래의 한 미묘한 형상을
함께 내는데
낱낱의 모든 모양이
다 그러하시니
그러므로 보는 이가
싫어함이 없도다.

세존께서
지난 옛적 수행하실 때
널리 일체 여래의 처소에

나아가셔서
갖가지로 닦아 다스려
게으름이 없으셨으니
이러한 방편은
해조운음 주수신이 들어갔도다.

부처님께서는
일체 시방 가운데
고요히 움직이지 않고
오고 감이 없으시되
마땅히 중생들을 교화하여
다 보게 하시니

이것은 묘색륜계 주수신이
안 바로다.

여래의 경계는
끝도 한량도 없으셔서
일체 중생이
능히 알 수 없거늘
미묘한 소리로 연설하여
시방에 두루하시니
이것은 선교선복 주수신이
행한 곳이로다.

세존의 광명이
다함이 없으셔서
법계에 가득 두루하여
부사의함이라
설법하여 교화해서
중생들을 제도하시니
이것은 이구향적 주수신이
관하여 본 바로다.

여래는 청정하여
허공과 같으셔서
모양도 없고 형상도 없이

시방에 두루하시되
회중들이
다 보게 하시니
이것은 보교광음 주수신이
잘 관찰하였도다.

부처님께서 옛적에
대비문을 닦으시되
그 마음이 넓고 두루하여
중생들과 같음이라
그러므로 구름처럼
세상에 나타나시니

이 해탈문은
지족자재 주수신이 알았도다.

시방에 있는
모든 국토에서
여래께서
자리에 앉으시어
밝게 대보리를
깨달으심을 다 보니
이러함은 정희선음 주수신이
들어간 바로다.

여래께서 행하신 바는
걸림이 없음이라
시방의 일체 세계에
두루 가셔서
곳곳마다 큰 신통을
나타내 보이시니
보현위광 주수신이
이미 능히 깨달았도다.

가없는 방편행을
닦으셔서
중생계와 동등하게

다 충만하심이라
신통과 묘용이
잠시도 멈추지 않으시니
후성변해 주수신이
이에 능히 들어갔도다.

또 출현보광 주해신은 평등한 마음으로 일체 중생에게 복덕바다를 보시하여 온갖 보배로 몸을 장엄하는 해탈문을 얻었고, 불가괴금강당 주해신은 교묘한 방편으로 일체 중생의 선근을 수호하는 해탈문을 얼었고, 부잡진구 주해신은 일체 중생의 번뇌바다를 능히 말려버리는 해탈문을 얻었다.

항주파랑 주해신은 일체 중생이 악도를 여의게 하는 해탈문을 얻었고, 길상보월 주해신은 큰 어리석음을 널리 멸하는 해탈문을 얻었고, 묘화용계 주해신은 일체 모든 갈래의 고통을 멸하여 안락을 주는 해탈문을 얻었고, 보지광미 주해신은 일체 중생의 모든 소견과 우치한 성품을 깨끗이 다스리는 해탈문을 얻었다.

　보염화광 주해신은 일체 보배종자의 성품인 보리심을 출생하는 해탈문을 얻었고, 금강묘계 주해신은 동요하지 않는 마음의 공덕바다 해탈문을 얻었고, 해조뇌음 주해신은 법계의 삼매문에 널리 들어가는 해탈문을 얻었다.

　그 때에 출현보광 주해신이 부처님의 위신력을 받들어 일체 주해신의 대중들을 널리 살펴보고 게송을 설하여 말씀하였다.

불가사의한
큰 겁바다에서
일체 모든 여래께
공양하셔서
널리 공덕으로
중생들에게 베푸시니
그러므로 단엄함이 최상이라
비길 데 없도다.

일체 세간에

다 출현하시어
중생들의 근기와
욕망을 다 아셔서
널리 위하여
큰 법바다를 크게 펴시니
이것은 불가괴금강당 주해신이
깨달은 바로다.

일체 세간
온갖 도사들의
법구름 큰 비를
측량할 수 없음이라

무궁한 모든 고통바다를
없애주시니
부잡진구 주해신이
이 법문에 들어갔도다.

일체 중생이
번뇌에 덮여서
모든 갈래에 흘러다니며
온갖 고통을 받거늘
그들을 위하여
여래의 경계를 열어 보이시니
항주파랑 주해신이

이 문에 들어갔도다.

부처님께서
생각하기 어려운 겁바다 가운데
모든 행을 수행하여
다함이 없으셔서
중생들의 어리석은 미혹의 그물을
영원히 끊으시니
길상보월 주해신이
이에 능히 밝게 들어갔도다.

부처님께서는

중생들이 항상 두려워하면서
생사의 큰 바다 가운데
유전하는 것을 보시고
그들에게 여래의 위없는
도를 보이시니
묘화용계 주해신이
깨닫고 기뻐하였도다.

모든 부처님의 경계가
부사의함이여
법계와 허공의
평등한 모양으로

중생들의 어리석은 미혹의 그물을
깨끗하게 하시니
이러함은 보지광미 주해신이
연설하였도다.

부처님의 눈이
청정하고 부사의함이여
일체 경계를
다 갖추어 살피셔서
중생들에게 모든 미묘한 도를
널리 보이시니
이것은 보염화광 주해신이

마음에 깨달은 바로다.

마군이 광대하여
셀 수 없으나
한 찰나에
다 꺾어 멸하시되
마음은 움직이지 않아
측량하기 어려움이여
금강묘계 주해신의
방편이로다.

널리 시방에서

묘음을 연설하시어
그 소리가
법계에 두루하시니
이것은
여래의 삼매경이라
해조뇌음 주해신이
행한 곳이로다.

 또 보발신류 주하신은 널리 가없는 법의 비를 내리는 해탈문을 얻었고, 보결천간 주하신은 널리 일체중생 앞에 나타나서 번뇌를 영원히 여의케 하는 해탈문을 얻었고, 이진정안 주하신은 대비 방편으로 일체 중생의 모든 미혹과 번뇌의 때를 널리 씻는 해탈문을 얻었다.

　시방변후 주하신은 항상 중생들을 넉넉하고 이익케 하는 소리를 내는 해탈문을 얻었고, 보구호중생 주하신은 일체 중생에게 괴로움의 피해가 없는 자비를 항상 일으키는 해탈문을 얻었고, 무열정광 주하신은 일체 청량한 선근을 널리 보이는 해탈문을 얻었고, 보생환희 주하신은 구족한 보시를 수행하여 일체 중생에게 간탐과 집착을 영원히 여의게 하는 해탈문을 얻었다.

광덕승당 주하신은 일체가 환희하는 복전을 짓는 해탈문을 얻었고, 광조보세 주하신은 능히 일체 중생으로 하여금 더러움에 물든 이는 청정하게 하며 성내어 독 품은 이는 환희하게 하는 해탈문을 얻었고, 해덕광명 주하신은 능히 일체 중생으로 하여금 해탈바다에 들어가서 항상 구족한 즐거움을 받게 하는 해탈문을 얻었다.

그 때에 보발신류 주하신이 부처님의 위신력을 받들어 일체 주하신의 대중들을 두루 살펴보고 게송을 설하여 말씀하였다.

여래께서 지난 옛적
중생들을 위하셔서
법바다의 가없는 행을
닦아 다스리시니
소나기가 무더위를

시원하게 하듯이
널리 중생들의
번뇌열을 없애주시도다.

부처님께서 옛적에
말하기 어려운 한량없는 겁 동안
서원의 광명으로
세간을 청정하게 하셔서
모든 근이 성숙한 이는
도를 깨닫게 하시니
이것은 보결천간 주하신이
마음에 깨달은 바로다.

대비의 방편이
중생들과 같으심이여
그들 앞에 다 나타나
항상 교화하셔서
널리 번뇌의 때를
깨끗이 다스리게 하시니
이진정안 주하신이
이것을 보고 깊이 기뻐하였도다.

부처님께서 묘음을 연설하여
널리 듣게 하셔서
중생들이 사랑하고 즐기며

마음에 환희하여
모두 한량없는 고통을
씻어 없애게 하시니
이것은 시방변후 주하신의
해탈이로다.

부처님께서
옛적에 보리행을 닦으셔서
중생들을 이롭게 하심이
한량없는 겁이라
그러므로 광명이
세간에 두루하시니

보구호중생 주하신이
기억하고 환희하도다.

부처님께서 옛적에 수행하여
중생들을 위하셔서
갖가지 방편으로
성숙하게 하시어
널리 깨끗한 복바다로
온갖 고통을 없애주시니
무염정광 주하신이
이것을 보고 마음에 기뻐하였도다.

보시의 문이 광대하여
끝까지 다함이 없음이여
일체 중생을
다 이익되게 하셔서
보는 이들에게
간탐과 집착이 없게 하시니
이것은 보생환희 주하신이
깨달은 바로다.

부처님께서 옛적에
진실한 방편을 수행하시어
가없는 공덕바다를

성취하셔서
보는 이들이
다 기쁘게 하시니
이것은 광덕승당 주하신이
깨닫고 기뻐하였도다.

중생들에게 있는 때를
다 깨끗하게 하시며
일체 원수나 해친 이에게
평등하게 자비를 내심이라
그러므로 광명이 비추어
허공에 가득함을 얻으시니

광조보세 주하신이
보고 환희하도다.

부처님은 복전이요
공덕의 바다라
일체가 모든 악을
여의게 하시며
내지 큰 보리를
성취하게 하시니
이것은 해덕광명 주하신의
해탈이로다.

또 유연승미 주가신은 일체 중생에게 법의 자미를 주어서 부처님 몸을 성취하게 하는 해탈문을 얻었고, 시화정광 주가신은 능히 일체 중생으로 하여금 광대한 기쁨과 즐거움을 받게 하는 해탈문을 얻었고, 색력용건 주가신은 일체 원만한 법문으로 모든 경계를 깨끗하게 하는 해탈문을 얻었다.

증익정기 주가신은 부처님의 대비와 한량없는 신통 변화의 힘을 보는 해탈문을 얻었고, 보생근과 주가신은 부처님의 복전을 널리 나타내어 하여금 종자를 심어서 손실이 없게 하는 해탈문을 얻었고, 묘엄환계 주가신은 널리 중생들의 깨끗한 믿음의 꽃을 피게 하는 해탈문을 얻었고, 윤택정화 주가신은 크게 자애롭고 불쌍히 여김으로 모든 중생들을 구제하여 복덕바다를 증장하게 하는 해탈문을 얻었다.

성취묘향 주가신은 일체 수행법을 널리 열어 보이는 해탈문을 얻었고, 견자애락 주가신은 법계의 일체 중생으로 하여금 게으름과 근심과 번뇌 등을 버리고 여의어서 모든 악을 널리 청정하게 하는 해탈문을 얻었고, 이구광명 주가신은 일체 중생의 선근을 관찰하고 알맞게 설법하여 회중들이 환희하고 만족하게 하는 해탈문을 얻었다.

그 때에 유연승미 주가신이 부처님의 위신력을 받들어 일체 주가신의 대중들을 두루 살펴보고 게송을 설하여 말씀하였다.

여래의
위없는 공덕바다가
밝은 등불을
널리 나타내 세간을 비추시어
일체 중생을
모두 구호하셔서
다 안락을 주시어
남은 이가 없도다.

세존의 공덕은
끝이 없으셔서
중생들이 들으면

헛되지 않음이라
모두 괴로움을 여의고
항상 환희하게 하시니
이것은 시화정광 주가신이
들어간 바로다.

선서께서는
모든 힘이 다 원만하시어
공덕으로 장엄하고
세간에 나타나셔서
일체 중생을
다 조복하시니

이 법은 색력용건 주가신이
능히 밝게 증득하였도다.

부처님께서 옛적에
대비바다를 닦으셔서
그 마음이 순간순간
세간과 평등함이라
그러므로 신통이
끝이 없으시니
증익정기 주가신이
능히 관해 보았도다.

부처님께서
온 세간에 항상 나타나셔서
일체 방편이
헛되지 아니하여
중생들의 모든 번뇌를
다 깨끗하게 하시니
이것은 보생근과 주가신의
해탈이로다.

부처님은
세간의 큰 지혜바다라
깨끗한 광명을 놓아

두루하지 않음이 없으셔서
광대한 믿음과 이해가
다 좇아 생겨나니
이러함은 묘염환계 주가신이
밝게 들어갔도다.

여래께서 세상을 관하고
자애심을 일으키시어
중생들을 이롭게 하려고
출현하셔서
저 편안하고 기쁜
가장 수승한 길을 보이시니

이것은 윤택정화 주가신의
해탈이로다.

선서께서 닦으신
청정한 행을
보리수 아래에서
갖추어 연설하셔서
이러한 교화가
시방에 충만하시니
이것은 성취묘향 주가신이
듣고 받았도다.

부처님께서
일체 모든 세간에서
다 근심을 여의고
큰 기쁨을 내게 하시어
있는 바 근기와 욕망을
다 다스려 깨끗하게 하시니
견자애락 주가신이
이에 깨달아 들어갔도다.

여래께서
세간에 출현하셔서
중생들이 마음에 즐기는 것을

널리 관하시고
갖가지 방편으로
성숙하게 하시니
이것은 이구광명 주가신의
해탈문이로다.

또 길상 주약신은 일체 중생의 마음을 널리 관하여 부지런히 거두어 들이는 해탈문을 얻었고, 전단림 주약신은 광명으로 중생들을 거두어서 보는 이로 하여금 헛됨이 없게 하는 해탈문을 얻었고, 이진광명 주약신은 능히 깨끗한 방편으로 일체 중생의 번뇌를 멸하는 해탈문을 얻었다.

명칭보문 주약신은 능히 큰 이름으로 가없는 선근바다를 증장하는 해탈문을 얻었고, 모공현광 주약신은 대비의 당기로 일체 병의 경계에 빨리 나아가는 해탈문을 얻었고, 파암청정 주약신은 일체 눈 어두운 중생들을 치료하여 지혜의 눈이 청정하게 하는 해탈문을 얻었다.

보발후성 주약신은 능히 부처님

의 소리를 펴서 모든 법의 차별한 뜻을 설하는 해탈문을 얻었고, 폐일광당 주약신은 능히 일체 중생의 선지식이 되어서 보는 이가 다 선근을 내게 하는 해탈문을 얻었고, 명견시방 주약신은 청정한 대비의 창고를 열어서 능히 방편으로 믿음과 이해를 내게 하는 해탈문을 얻었고, 보발위광 주약신은 방편으로 부처님을 생각하게 해서 일체 중생의 병을 소멸하는 해탈문을 얻었다.

그 때에 길상 주약신이 부처님의 위신력을 받들어 일체 주약신의 대중들을 두루 살펴보고 게송을 설하여 말씀하였다.

여래의 지혜가
부사의함이여
일체 중생의 마음을
다 아셔서
능히 갖가지
방편의 힘으로
저 미혹한 중생들의

한량없는 고통을 멸하시도다.

대웅의 좋은 방편은
측량하기 어려움이여
무릇 하시는 일이
헛되지 아니하여
반드시 중생들에게
모든 고통을 멸하게 하시니
전단림 주약신이
이것을 능히 깨달았도다.

그대는 모든 부처님의 법이

이와 같음을 관해 보라
지난 옛적 한량없는 겁 동안
다 부지런히 닦으시되
모든 존재에
집착한 바가 없으시니
이것은 이진광명 주약신이
들어간 문이로다.

부처님은
백천 겁에도 만나기 어려워
만약 어떤 이가
보거나 이름만 들어도

반드시 이익을 얻고
헛됨이 없게 하시니
이것은 명칭보문 주약신이
요달한 바로다.

여래의
낱낱 모공 가운데서
다 광명을 놓아
온갖 근심을 멸하시어
세간의 번뇌를
모두 다하게 하시니
이것은 모공현광 주약신이

들어간 문이로다.

일체 중생이 어리석어
눈 어두운 바로
미혹한 업의
온갖 고통이 한량없이 다른데
부처님께서 다 없애고
지혜를 열어 비추시니
이러함은 파암청정 주약신이
능히 관해 보았도다.

여래의 한 음성이

한량없음이여
능히 일체 법문바다를
여셔서
중생들이 들으면
다 분명히 아니
이것은 보발후성 주약신의
해탈이로다.

그대는 부처님의 지혜가
사의하기 어려움을 관해 보라
널리 모든 갈래에 나타나
중생들을 구제하셔서

보는 이가
다 교화를 따르게 하시니
이것은 폐일광당 주약신이
깊이 깨달았도다.

여래의
대비 방편바다여
세간을 이롭게 하려고
출현하셔서
바른 길을 널리 열어
중생들에게 보이시니
이것은 명견시방 주약신이

능히 요달하였도다.

여래께서
큰 광명을 널리 놓으시어
일체 시방을
비추지 않음이 없으셔서
부처님 생각함을 따라
공덕이 나게 하시니
이것은 보발위광 주약신의
해탈문이로다.

또 포화여운 주림신은 광대하고

가없는 지혜바다 창고의 해탈문을 얻었고, 탁간서광 주림신은 광대하게 닦아 다스려 널리 청정하게 하는 해탈문을 얻었고, 생아발요 주림신은 갖가지 깨끗한 믿음의 싹을 증장시키는 해탈문을 얻었다.

길상정엽 주림신은 일체 청정한 공덕 장엄 무더기의 해탈문을 얻었고, 수포염장 주림신은 넓은 문의 청정한 지혜로 항상 법계를 두루 보는 해탈문을 얻었고, 묘장엄광 주림신은 일체 중생의 행의 바다를 널리 알아서 법의 구름을 일으키는 해탈문을 얻었고, 가의뇌성 주림신은 일체 뜻에 맞지 않는 소리를 참고 받아들여서 청정한 음성을 내는 해탈문을 얻었다.

향광보변 주림신은 옛적에 닦았던 광대한 행의 경계를 시방에 널리 나타내는 해탈문을 얻었고, 묘광형요 주림신은 일체 공덕의 법으로 세간을 요익케 하는 해탈문을 얻었고, 화과광미 주림신은 능히 일체가 부처님께서 출현하심을 보고 항상 공경하는 생각을 잊지 않고 장엄하게 하는 공덕 창고의 해탈문을 얻었다.

그 때에 포화여운 주림신이 부처님의 위신력을 받들어 일체 주림신의 대중들을 널리 살펴보고 게송을 설하여 말씀하였다.

부처님께서
옛적에 보리행을 닦으셔서
복덕과 지혜가

다 원만하시며
일체 모든 힘을
다 구족하시어
큰 광명을 놓으며
세간에 출현하셨도다.

자비의 문이 한량없어
중생들과 평등함을
여래께서 지난 옛적에
널리 깨끗하게 닦으심이라
그러므로 세상을
능히 이익하게 하시니

이것은 탁간서광 주림신이
깨달은 바로다.

만약 중생들이
한 번만 부처님을 친견하면
반드시 깊은 신심의 바다에
들어가게 하셔서
일체 여래의 도를
널리 보이시니
이것은 생아발요 주림신의
해탈이로다.

한 터럭에 모인
모든 공덕을
오랜 겁 선양해도
다할 수 없으니
모든 부처님의 방편이
사의하기 어려움이여
길상정엽 주림신이
이 깊은 뜻을 능히 밝혔도다.

내가 생각하니
여래께서 지난 옛적에
세계 티끌 수의 한량없는

부처님께 공양하셔서
낱낱 부처님 처소에서
지혜가 점점 밝으시니
이것은 수포염장 주림신이
깨달은 바로다.

일체 중생의
모든 행의 바다를
세존께서 한 생각에
다 요달해 아시니
이와 같이 광대하고
걸림 없는 지혜시여

묘장엄광 주림신이
능히 깨달아 들어갔도다.

여래의 고요하고 미묘한 음성을
항상 펴시어
같음이 없는 큰 환희를
널리 내셔서
그 이해와 하고자 함을 따라
다 깨닫게 하시니
이것은 가의뇌성 주림신이
행한 바 법이로다.

여래께서
큰 신통을 나타내 보이시어
시방 국토에
다 두루하셔서
부처님의 옛적 수행을
다 보게 하시니
이것은 향광보변 주림신이
들어간 문이로다.

중생들이 간사하여
덕을 닦지 않고
미혹하여 생사 가운데

빠져 헤매거늘
그들을 위하여
온갖 지혜의 길을 밝히시니
이것은 묘광형요 주림신이
본 바로다.

부처님께서
업장의 모든 중생들을 위하셔서
억 겁의 시간을 지나
이에 출현하시며
그런 뒤에
순간순간 늘 보게 하시니

이것은 화과광미 주림신이 관찰한 바로다.

또 보봉개화 주산신은 크고 고요한 선정의 광명에 들어가는 해탈문을 얻었고, 화림묘계 주산신은 자애의 선근을 닦아 모아서 불가사의한 수의 중생들을 성숙케 하는 해탈문을 얻었고, 고당보조 주산신은 일체 중생의 마음에 즐기는 바를 관찰하여 모든 근을 청정하게 하는 해탈문을 얻었다.

이진보계 주산신은 가없는 겁바다에 부지런히 정진해서 게으름이 없는 해탈문을 얻었고, 광조시방 주산신은 가없는 공덕의 광명으로 널리 깨닫는 해탈문을 얻었고, 대력광명 주산신은 능히 스스로 성숙하고 다시 중생들에게 어리석은 행을 버리고 여의게 하는 해탈문을 얻었고, 위광보승 주산신은 일체 고통을 빼내어 남음이 없게 하는 해탈문을 얻었다.
　　미밀광륜 주산신은 교법의 광명

을 연설하여 일체 여래의 공덕을 나타내 보이는 해탈문을 얻었고, 보안현견 주산신은 일체 중생으로 하여금 꿈속에서도 선근을 증장하게 하는 해탈문을 얻었고, 금강견고안 주산신은 가없는 큰 뜻의 바다를 나타내는 해탈문을 얻었다.

그 때에 개화잡지 주산신이 부처님의 위신력을 받들어 일체 주산신의 대중들을 널리 살펴보고 게송을 설하여 말씀하였다.

옛적에 닦으신 수승한 행이
가없으므로
지금 얻으시는 신통도
한량없음이라
법문을 널리 여심이
티끌 수 같아서
중생들로 하여금
깊이 깨달아 기쁘게 하시도다.

온갖 모습으로 장엄한 몸이
세간에 두루하심이여
모공의 광명도

다 청정하셔서
큰 자애의 방편으로
일체에게 보이시니
화림묘계 주산신이
이 문을 깨달았도다.

부처님 몸이 널리 나타나시어
끝이 없음이여
시방 세계에
다 충만하셔서
모든 근이 깨끗이 장엄되어
보는 이가 기뻐하니

이 법은 고당보조 주산신이
능히 깨달아 들어갔도다.

오랜 겁 동안 부지런히 닦아
게으름이 없으심이여
세상 법에 물들지 않음이
허공과 같으셔서
갖가지 방편으로
중생들을 교화하시니
이 법문을 깨달은 이는
이진보계 주산신이로다.

중생들이 눈이 어두워
험한 길에 들어가는데
부처님께서 그들을 애민히 여겨
광명을 비추셔서
널리 세간으로 하여금
잠에서 깨게 하시니
광조시방 주산신이
이것을 깨닫고 기뻐하였도다.

옛적에 세상에서
널리 수행하실 때
세계 티끌 수 같은

무수한 부처님께 공양하셔서
중생들이 보고
큰 서원을 내게 하시니
이 지위에 대력광명 주산신이
밝게 들어갔도다.

모든 중생들이
고통에 유전하고
일체 업장에
항상 덮여있음을 보시고
지혜의 빛으로
다 멸하여 없애주시니

이것은 위광보승 주산신의
해탈이로다.

날날 모공에서
미묘한 소리를 내셔서
중생들의 마음 따라
모든 부처님을 찬탄하시되
시방의 한량없는 겁에
다 두루하시니
이것은 미밀광륜 주산신이
들어간 문이로다.

부처님께서 온 시방에
널리 나타나시어
갖가지 방편으로
미묘한 법을 설하셔서
중생들에게 이익 주는
모든 행바다를 넓히시니
이것은 보안현견 주산신이
깨달은 바로다.

법문이 바다와 같아
헤아릴 수 없음을
한 소리로 설하여

다 알게 하시되
일체 겁 동안 연설하셔도
다함이 없으니
이 방편에 들어간 이는
금강견고안 주산신이로다.

또 보덕정화 주지신은 자비심으로 순간순간 일체 중생을 널리 관하는 해탈문을 얻었고, 견복장엄 주지신은 일체 중생의 복덕의 힘을 널리 나타내는 해탈문을 얻었고, 묘화엄수 주지신은 모든 법에 널리 들어가서 일체 부처님 세계의 장엄을 출생하는 해탈문을 얻었다.

보산중보 주지신은 갖가지 모든 삼매를 닦아서 중생들이 장애의 때를 없애게 하는 해탈문을 얻었고, 정목관시 주지신은 일체 중생이 항상 유희하며 쾌락하게 하는 해탈문을 얻었고, 금색묘안 주지신은 일체 청정한 몸을 나타내어 중생들을 조복하는 해탈문을 얻었고, 향모발광 주지신은 일체 부처님 공덕바다의 큰 위력을 요달해 아는 해탈문을 얻었다.

　적음열의 주지신은 널리 일체 중생의 음성바다를 거두어 지니는 해탈문을 얻었고, 묘화선계 주지신은 부처님 세계에 충만한 때를 여읜 성품의 해탈문을 얻었고, 금강보지 주지신은 일체 부처님 법륜의 거두어 지닌 바로 널리 출현하는 해탈문을 얻었다.

　그 때에 보덕정화 주지신이 부처님의 위신력을 받들어 일체 주지신의 대중들을 널리 살펴보고 게송을 설하여 말씀하였다.

여래의 지난 옛적
순간순간마다
대자비의 문이
이루 말할 수 없음이라
이러한 수행이
끝이 없으시니
그러므로 견고하여
무너지지 않는 몸을 얻으셨도다.

삼세의
중생들과 보살들이
있는 바
온갖 복의 무더기를
여래의 모공에
다 나타내시니
견복장엄 주지신이
보고서 환희하였도다.

광대하고 적정한
삼마지여
나지도 않고 멸하지도 않고

오고 감도 없으나
깨끗이 장엄한 국토를
중생들에게 보이시니
이것은 묘화염수 주지신의
해탈이로다.

부처님께서 지난 옛적에
모든 행을 닦으셔서
중생들이
무거운 장애를 소멸케 하시니
보산중보
주지신이

이 해탈을 보고
환희하였도다.

여래의 경계는
끝이 없으셔서
순간순간
널리 세간에 나타나시니
정목관시
주지신이
부처님의 행하시는 바를 보고
마음에 기뻐하였도다.

미묘한 음성이
한계가 없고 부사의함이라
널리 중생들을 위하여
번뇌를 멸해주시니
금색묘안 주지신이
능히 밝게 깨달아서
부처님의 가없는
수승한 공덕을 보았도다.

일체 색과 형상으로
다 화현하셔서
시방 법계에

다 충만하시니
향모발광 주지신이
항상 부처님께서
이같이 모든 중생들을
널리 교화하심을 보았도다.

미묘한 음성이
널리 시방에 두루하셔서
한량없는 겁 동안
중생들을 위해 설하시니
적음열의 주지신이
마음에 요달하여

부처님께 듣고
깊이 공경하며 기뻐하였도다.

부처님의 모공에서
향기 나는 불꽃구름을 내셔서
중생들의 마음 따라
세간에 두루하심이라
일체 보는 이들은
다 성숙하니
이것은 묘화선계 주지신이
본 곳이로다.

견고하여 무너뜨리기 어려운 것은
금강과 같고
기울어 움직일 수 없는 것은
수미산을 넘음이라
부처님 몸이
이와 같이 세간에 계시니
금강보지 주지신이
보고 환희하도다.

또 보봉광요 주성신은 방편으로 중생들을 이익케 하는 해탈문을 얻었고, 묘엄궁전 주성신은 중생들의 근기를 알아서 교화하여 성숙하게 하는 해탈문을 얻었고, 청정희보 주성신은 항상 환희하여 일체 중생이 모든 복덕을 받게 하는 해탈문을 얻었다.

이우청정 주성신은 모든 두려움을 구제해주는 대비 창고의 해탈문을 얻었고, 화등염안 주성신은 널리 큰 지혜를 밝게 아는 해탈문을 얻었고, 염당명현 주성신은 넓은 방편으로 나타내 보이는 해탈문을 얻었고, 성복위광 주성신은 널리 일체 중생을 관찰하여 광대한 복덕바다를 닦게 하는 해탈문을 얻었다.

정광명신 주성신은 일체 어리석은 중생들을 깨닫게 하는 해탈문을 얻었고, 향당장엄계 주성신은 일체 중생의 번뇌의 악취를 없애고 일체 지혜 성품의 향기를 내는 해탈문을 얻었고, 보봉광목 주성신은 큰 광명으로 일체 중생의 장애산을 깨뜨리는 해탈문을 얻었다.

그 때에 보봉광요 주성신이 부처님의 위신력을 받들어 일체 주성신의 대중들을 널리 살펴보고 게송을 설하여 말씀하였다.

도사께서
이와 같이 부사의하여
광명이
시방을 두루 비추셔서
중생들이 눈앞에서
모두 부처님을 친견하니
교화하여 성숙케 하심이

한량없도다.

모든 중생들의 근기가
각각 다름을
부처님께서 남김없이
다 요달해 아시니
묘엄궁전
주성신이
이 법문에 들어가
마음에 기뻐하였도다.

여래께서

한량없는 겁 동안 수행하셔서
지난 옛적 모든 부처님 법을
보호하시며
뜻에 늘 받들어 섬기고
환희하시니
청정희보 주성신이
이 문을 깨달았도다.

여래께서
옛적에 이미
일체 중생의 모든 공포를
없애주시고

항상 그들에게
자비를 일으키시니
이것은 이우청정 주성신이
깨닫고 기뻐하였도다.

부처님 지혜는
광대하여 끝이 없으셔서
비유하면 허공과 같아
헤아릴 수 없거늘
화등염안 주성신이
깨닫고 기뻐하여
여래의 미묘한 지혜를

능히 배웠도다.

여래의 색상은
중생들과 같아서
그 욕락을 따라
다 보게 하시니
염당명현 주성신이
마음에 능히 깨달아
이 방편을 익히고
환희하였도다.

여래께서 옛적에

온갖 복바다를 닦으시되
청정하고 광대하여
끝이 없으시니
성복위광 주성신이
이 문에서
관찰하고 요달해 깨달아
마음에 기뻐하였도다.

중생들이 모든 갈래에서
어리석고 미혹하여
세상에 나면서부터 눈먼 이와 같아
끝내 볼 수 없거늘

부처님께서 이익케 하시려고
세간에 출현하시니
정광명신 주성신이
이 문에 들어갔도다.

여래의 자재하심이
끝이 없으셔서
구름같이
세간에 널리 두루하시어
꿈속에도 나타나
조복하게 하시니
이것은 향당장엄 주성신이

관해 본 바로다.

중생들은 어리석음이
눈먼 이와 같아서
갖가지 장애의 번뇌에
얽히고 덮인 바이거늘
부처님께서 광명을 밝게 비추어
널리 열게 하시니
이러함은 보봉광목 주성신이
들어간 바로다.

또 정장엄당 도량신은 부처님께

공양 올리는 광대한 장엄구를 나타내는 서원력의 해탈문을 얻었고, 수미보광 도량신은 일체 중생 앞에 나타나서 광대한 보리행을 성취하는 해탈문을 얻었고, 뇌음당상 도량신은 일체 중생의 마음에 즐기는 바를 따라서 꿈속에서도 부처님을 보게 하기 위하여 설법하는 해탈문을 얻었다.

우화묘안 도량신은 일체 버리기 어려운 온갖 보배 장엄구를 능히 비 내리는 해탈문을 얻었고, 청정염형 도량신은 미묘하게 장엄된 도량을 능히 나타내어 중생들을 널리 교화하여 성숙하게 하는 해탈문을 얻었고, 화영수계 도량신은 근기를 따라 설법하여 바른 생각을 내게 하는 해탈문을 얻었고, 우보장엄 도량신은 능히 변재로써 가없는 환희의 법을 널리 비 내리는 해탈문을 얻었다.

용맹향안 도량신은 널리 모든 부처님의 공덕을 칭찬하는 해탈문을 얻었고, 금강채운 도량신은 가없는 색상의 나무를 나타내어 도량을 장엄하는 해탈문을 얻었고, 연화광명 도량신은 보리수 아래에서 고요히 움직이지 아니하고 시방에 가득 두루하는 해탈문을 얻었고, 묘광조요 도량신은 여래의 갖가지 힘을 나타내 보이는 해탈문을 얻었다.

그 때에 정장엄당 도량신이 부처님의 위신력을 받들어 일체 도량신의 대중들을 널리 살펴보고 게송을 설하여 말씀하였다.

여래께서
지난 옛적에
한량없는 겁 동안
수행하신 것을 내가 생각하니
모든 부처님 출현하시면
다 공양하심이라
그러므로 허공 같은 큰 공덕을
얻으셨도다.

부처님께서 옛적에
다함없는 보시를 수행하시되
한량없는 세계의

티끌 수와 같게 하시니

수미광조보리

도량신이

선서를 기억하고

마음에 기뻐하였도다.

여래의 색상은

다함이 없으셔서

변화가 일체 세계에

두루하시며

꿈속에도

항상 나타내 보이시니

뇌음당상 도량신이
이것을 보고 환희하였도다.

옛적에 버리는 행을
수행하시는 한량없는 겁 동안
보시하기 어려운 눈을
능히 보시하심이 바다와 같으니
이러한 보시행은
중생들을 위함이라
이것은 우화묘안 도량신이
능히 깨닫고 기뻐하였도다.

가없는 색상의
보배 불꽃구름으로
보리도량에 나타나
세간에 두루하시니
청정염형
도량신이
부처님의 자재하심을 보고
환희하였도다.

중생들의 행바다가
끝이 없거늘
부처님께서 널리 가득히

법의 비를 내리셔서
그 근기와 이해를 따라
의혹을 없애주시니
화영수계 도량신이
이것을 깨닫고 환희하였도다.

한량없는 법문의
차별한 이치에
큰 바다 같은 변재로
다 능히 들어가시니
우보장엄
도량신이

마음에 순간순간
늘 이와 같도다.

말할 수 없이 많은
일체 국토에서
온 세간의 언사로
부처님을 칭찬하심이라
그러므로
명예로운 큰 공덕을 얻으셨으니
이것은 용맹향안 도량신이
능히 기억하였도다.

갖가지 색상의
가없는 나무를
널리 보리수왕 아래에
나타내시니
금강채운 도량신이
이 법문을 깨달아서
항상 도의 나무를 보며
환희하였도다.

시방 세계의 끝을
얻을 수 없으며
부처님께서 앉으신 도량과

지혜도 그러하니
연화광명 도량신이
깨끗한 신심으로
이 해탈문에 들어가서
깊이 환희하였도다.

도량의 일체가
미묘한 소리를 내어
부처님의
생각하기 어려운 청정한 힘과
모든 인행을
성취하심을 칭찬하니

이것은 묘광조요 도량신이
능히 들었도다.

또 보인수 족행신은 온갖 보배를 널리 비 내려서 광대한 환희를 내는 해탈문을 얻었고, 연화광 족행신은 부처님 몸이 일체 빛깔의 연화좌에 앉아계심을 나타내 보여서 보는 이들로 하여금 환희하게 하는 해탈문을 얻었고, 최승화계 족행신은 낱낱 생각 중에 일체 여래의 대중모임 도량을 건립하는 해탈문을 얻었고, 섭제선견 족행신은 발을 들어 걸음을 걸을 때 가없는 중생들을 다 조복하는 해탈문을 얻었고, 묘보성당 족행신은 생각생각 가운데 갖가지 연꽃 그물 광명을 나타내어 온갖 보배를 널리 비 내리며 미묘한 음성을 내는 해탈문을 얻었다.

낙토묘음 족행신은 가없는 환희바다를 출생하는 해탈문을 얻었고, 전단수광 족행신은 향기로운 바람으로 일체 도량의 대중모임을 널리 깨우치는 해탈문을 얻었고, 연화광명 족행신은 일체 모공에서 광명을 놓아 미묘한 법음을 연설하는 해탈문을 얻었고, 미묘광명 족행신은 그 몸이 갖가지 광명그물을 두루 내어 널리 비추는 해탈문을 얻었고, 적집묘화 족행신은 일체 중생을 깨우쳐서 선근바다를 내게 하는 해탈문을 얻었다.

그 때에 보인수 족행신이 부처님의 위신력을 받들어 일체 족행신의 대중들을 두루 살펴보고 게송을 설하여 말씀하였다.

부처님께서 옛적에 수행하신
한량없는 겁 동안
일체 모든 여래께
공양하시되
마음이 늘 기뻐서 피로해하거나
싫어하지 않으셔서
환희의 문이 깊고 큼이
바다와 같도다.

생각생각 신통이
헤아릴 수 없음이라
연꽃과 갖가지 향을
변화해 나타내셔서
부처님께서 그 위에 앉아
널리 노니시니
연화광 족행신이
다 보았도다.

모든 부처님 여래의 법이
이와 같으셔서
광대한 대중모임이

시방에 두루하니
신통을 널리 나타내심이
불가사의라
최승화계 족행신이
다 밝게 보았도다.

시방 국토의
일체 처소에서
그 가운데
발을 들거나 발을 내리심에
다 능히 모든 중생들을
성취하시니

이것은 섭제선견 족행신이
깨닫고 기뻐하였도다.

중생들의 수와 같이
널리 몸을 나타내셔서
이 낱낱 몸이
법계에 충만하시어
청정한 광명을 놓아
온갖 보배를 비 내리시니
이러한 해탈은
묘보성당 족행신이 들어갔도다.

여래의 경계는
끝이 없으셔서
널리 법의 비를 내려
다 충만하시어
회중들이 부처님을 보고
환희하니
이것은 낙토묘음 족행신이
본 바로다.

부처님 음성은
양이 허공과 같으셔서
일체 음성이

다 그 가운데 있음이라
중생들을 조복하되
두루하지 않음이 없으시니
이러함은 전단수광 족행신이
능히 들었도다.

일체 모공에서
교화하는 음성을 내셔서
삼세 모든 부처님의 명호를
드날리시니
이 소리를 듣는 이들은
다 환희함이라

연화광명 족행신이
이와 같이 보았도다.

부처님 몸이 변화하여 나타나심이
부사의함이여
걸음마다 색상이
바다와 같으셔서
중생들의 마음 따라
다 보게 하시니
이것은 미묘광명 족행신이
얻은 바로다.

시방에 널리
큰 신통을 나타내셔서
일체 중생을
다 깨우치시니
적집묘화 족행신이
이 법을
보고 나서
마음에 크게 환희하였도다.

또 정희경계 신중신은 부처님의 지난 옛적 서원바다를 기억하는 해탈문을 얻었고, 광조시방 신중신은 광명으로 가없는 세계를 널리 비추는 해탈문을 얻었고, 해음조복 신중신은 큰 소리로 널리 일체 중생을 깨우쳐서 기쁘게 조복케 하는 해탈문을 얻었고, 정화엄계 신중신은 몸이 허공과 같아서 두루 머무는 해탈문을 얻었고, 무량위의 신중신은 일체 중생에게 모든 부처님의 경계를 보여 주는 해탈문을 얻었다.

최승광엄 신중신은 일체 굶주린 중생들에게 육신의 힘을 만족하게 하는 해탈문을 얻었고, 정광향운 신중신은 일체 중생의 번뇌의 때를 없애는 해탈문을 얻었고, 수호섭지 신중신은 일체 중생의 어리석은 마군의 업을 바꾸는 해탈문을 얻었고, 보현섭화 신중신은 널리 일체 세주의 궁전 가운데 장엄한 모양을 나타내 보이는 해탈문을 얻었고, 부동광명 신중신은 널리 일체 중생을 거두어서 청정한 선근을 내게 하는 해탈문을 얻었다.

그 때에 정희경계 신중신이 부처님의 위신력을 받들어 일체 신중신의 대중들을 널리 살펴보고 게송을 설하여 말씀하였다.

내가 기억하니
수미산 티끌 수 겁 전에
묘광 부처님께서
세상에 출현하셨을 때
세존께서
그 여래의 처소에서
발심하여 일체 부처님께

공양하셨도다.

여래의 몸이
큰 광명을 놓으셔서
그 광명이
법계에 충만하시어
중생들이 만나면
마음을 조복하니
이것은 광조시방 신중신이
본 바로다.

여래의 음성이

시방 국토에 진동하시며
일체 말이
다 원만하셔서
중생들을 남김없이
널리 깨우치시니
해음조복 신중신이
이것을 듣고 기뻐하였도다.

부처님 몸은
청정하고 항상 적멸하셔서
널리 온갖 색을 나타내시나
모든 색상이 없음이라

이와 같이
세간에 두루 머무시니
이것은 정화엄계 신중신이
들어간 바로다.

도사께서
이같이 부사의함이여
중생들의 마음 따라
다 보게 하시되
혹은 앉고 혹은 가고
혹은 때로 머무시니
무량위의 신중신이

깨달은 문이로다.

부처님은
백천 겁에 만나기 어려운데
출현하여 이익 줌이
자재하셔서
세간이 빈궁한 고통을
다 여의게 하시니
최승광엄 신중신이
이곳에 들어갔도다.

여래의

낱낱 치아 사이로
향기 나는 등불광명 불꽃구름을
널리 놓으셔서
일체 중생의 미혹을
멸하여 없애주시니
정광향운 신중신이
이와 같이 보았도다.

중생들의 번뇌가
무거운 장애가 되어서
마군의 길을 따라
항상 유전하거늘

여래께서 해탈의 길을
열어 보이시니
수호섭지 신중신이
능히 깨달아 들어갔도다.

내가 여래의 자재하신 힘을
관해 보니
광명이 법계에 퍼져
다 충만하시어
왕궁에 계시면서
중생들을 교화하시니
이것은 보현섭화 신중신의

경계로다.

중생들이 미혹과 망상으로
온갖 고통 받거늘
부처님께서 그 가운데서
항상 구호하셔서
모두 미혹을 멸하고
기쁜 마음을 내게 하시니
부동광명 신중신이
관하여 본 바로다.

또 묘색나라연 집금강신은 여래

의 가없는 색상을 나타내 보이시는 몸을 친견하는 해탈문을 얻었고, 일륜속질당 집금강신은 부처님 몸의 낱낱 터럭이 태양과 같이 갖가지 광명구름을 나타내는 해탈문을 얻었고, 수미화광 집금강신은 한량없는 몸을 화현하는 큰 신통 변화의 해탈문을 얻었고, 청정운음 집금강신은 가없이 부류를 따르는 소리의 해탈문을 얻었고, 묘비천주 집금강신은 일체 세간의 주인으로 나타나서 중생들을 깨우치는 해탈문을 얻었다.

　가애락광명 집금강신은 일체 부처님 법의 차별한 문을 널리 열어 보여서 남김없이 모두 다하는 해탈문을 얻었고, 대수뇌음 집금강신은 사랑스러운 장엄구로 일체 나무의 신을 거두는 해탈문을 얻었고, 사자왕광명 집금강신은 여래의 광대한 복의 장엄 무더기를 모두 구족하게 밝게 아는 해탈문을 얻었고, 밀염길상목 집금강신은 험악한 중생들의 마음을 널리 관찰해서 위하여 위엄 있는 몸을 나타내는 해탈문을 얻었고, 연화마니계 집금강신은 일체 보살의 장엄구인 마니 상투를 널리 비 내리는 해탈문을 얻었다.

그 때에 묘색나라연 집금강신이 부처님의 위신력을 받들어 일체 집금강신의 대중들을 널리 살펴보고 게송을 설하여 말씀하였다.

그대는

응당 법왕을 관하라
법왕의 법이
이와 같으시니
색상이
가없어서
널리 세간에
나타나시도다.

부처님 몸의
낱낱 터럭에
광명의 그물이
불가사의라

비유하면
깨끗한 태양이
널리 시방 국토를
비추는 것과 같도다.

여래의
신통력이시여
법계에
다 두루하시어
모든 중생들
앞에
다함없는 몸을

나타내 보이시도다.

여래께서
설법하시는 음성을
시방에서
듣지 못함이 없음이라
모든 중생들의
부류를 따라서
다 마음에
만족하게 하시도다.

대중들이 보니

석가모니 세존께서
세간 궁전 가운데
계시면서
널리
모든 중생들을 위하여
큰 법을
드날리시도다.

법바다가
소용돌이치는 곳에
일체
차별한 뜻을

갖가지
방편문으로
끝까지 다함없이
연설하시도다.

가없는
큰 방편으로
널리 시방 국토에
응하시니
부처님의
깨끗한 광명을 만나면
다 여래의 몸을

보도다.

모든 부처님께
공양하심을
억 세계 티끌 수같이
하시니
공덕이
허공과 같으셔서
일체가
우러러보는 바로다.

신통의 힘이

평등하셔서
일체 세계에
다 나타나심이라
미묘한 도량에
편안히 앉으셔서
널리 중생들 앞에
나타나시도다.

불꽃구름이
널리 밝게 비추셔서
갖가지 광명이
원만하시니

법계에
미치지 않음이 없어서
부처님 행하시는 곳을
보이시도다.

회향송

아차보현수승행
무변승복개회향
보원침익제중생
속왕무량광불찰

시방삼세일체불
제존보살마하살
마하반야바라밀

廻向頌

我此普賢殊勝行
無邊勝福皆迴向
普願沈溺諸眾生
速往無量光佛刹

十方三世一切佛
諸尊菩薩摩訶薩
摩訶般若波羅蜜

大方廣佛華嚴經 — 부록

- 대방광불화엄경 목차

- 간행사

대방광불화엄경
목차

〈제1회〉

제1권	제1품	세주묘엄품 [1]
제2권	제1품	세주묘엄품 [2]
제3권	제1품	세주묘엄품 [3]
제4권	**제1품**	**세주묘엄품 [4]**
제5권	제1품	세주묘엄품 [5]
제6권	제2품	여래현상품
제7권	제3품	보현삼매품
	제4품	세계성취품
제8권	제5품	화장세계품 [1]
제9권	제5품	화장세계품 [2]
제10권	제5품	화장세계품 [3]
제11권	제6품	비로자나품

〈제2회〉

제12권	제7품	여래명호품
	제8품	사성제품
제13권	제9품	광명각품
	제10품	보살문명품
제14권	제11품	정행품
	제12품	현수품 [1]
제15권	제12품	현수품 [2]

〈제3회〉

제16권	제13품	승수미산정품
	제14품	수미정상게찬품
	제15품	십주품
제17권	제16품	범행품
	제17품	초발심공덕품
제18권	제18품	명법품

〈제4회〉

제19권 제19품 승야마천궁품

　　　　　제20품 야마궁중게찬품

　　　　　제21품 십행품 [1]

제20권 제21품 십행품 [2]

제21권 제22품 십무진장품

〈제5회〉

제22권 제23품 승도솔천궁품

제23권 제24품 도솔궁중게찬품

　　　　　제25품 십회향품 [1]

제24권 제25품 십회향품 [2]

제25권 제25품 십회향품 [3]

제26권 제25품 십회향품 [4]

제27권 제25품 십회향품 [5]

제28권 제25품 십회향품 [6]

제29권 제25품 십회향품 [7]

제30권 제25품 십회향품 [8]

제31권 제25품 십회향품 [9]

제32권 제25품 십회향품 [10]

제33권 제25품 십회향품 [11]

〈제6회〉

제34권 제26품 십지품 [1]

제35권 제26품 십지품 [2]

제36권 제26품 십지품 [3]

제37권 제26품 십지품 [4]

제38권 제26품 십지품 [5]

제39권 제26품 십지품 [6]

〈제7회〉

제40권 제27품 십정품 [1]

제41권 제27품 십정품 [2]

제42권 제27품 십정품 [3]

제43권 제27품 십정품 [4]

제44권 제28품 십통품

　　　　　제29품 십인품

제45권 제30품 아승지품

　　　　　제31품 수량품

　　　　　제32품 제보살주처품

제46권 제33품 불부사의법품 [1]

제47권 제33품 불부사의법품 [2]

제48권	제34품	여래십신상해품	제63권	제39품	입법계품 [4]
	제35품	여래수호광명공덕품	제64권	제39품	입법계품 [5]
제49권	제36품	보현행품	제65권	제39품	입법계품 [6]
제50권	제37품	여래출현품 [1]	제66권	제39품	입법계품 [7]
제51권	제37품	여래출현품 [2]	제67권	제39품	입법계품 [8]
제52권	제37품	여래출현품 [3]	제68권	제39품	입법계품 [9]
			제69권	제39품	입법계품 [10]

〈제8회〉

제53권	제38품	이세간품 [1]
제54권	제38품	이세간품 [2]
제55권	제38품	이세간품 [3]
제56권	제38품	이세간품 [4]
제57권	제38품	이세간품 [5]
제58권	제38품	이세간품 [6]
제59권	제38품	이세간품 [7]

제70권	제39품	입법계품 [11]
제71권	제39품	입법계품 [12]
제72권	제39품	입법계품 [13]
제73권	제39품	입법계품 [14]
제74권	제39품	입법계품 [15]
제75권	제39품	입법계품 [16]
제76권	제39품	입법계품 [17]
제77권	제39품	입법계품 [18]
제78권	제39품	입법계품 [19]
제79권	제39품	입법계품 [20]
제80권	제39품	입법계품 [21]

〈제9회〉

제60권	제39품	입법계품 [1]
제61권	제39품	입법계품 [2]
제62권	제39품	입법계품 [3]

간 행 사

  귀의삼보 하옵고,

『대방광불화엄경』의 수지 독송과 유통을 발원하면서 수미정사 불전연구원에서 『독송본 한문·한글역 대방광불화엄경』과 『사경본 한글역 대방광불화엄경』을 편찬하여 간행하게 되었습니다.

  『화엄경』은 우리나라에 전래된 이래 일찍부터 사경되고 주석·강설되어 왔으며 근현대에 이르러서는 『화엄경』의 한글 번역과 연구도 부쩍 많이 이루어졌습니다. 그만큼 『화엄경』이 우리 불자님들의 신행과 해탈에 큰 의지처가 되었던 것임을 알 수 있습니다.

  『화엄경』을 독송하고 사경하는 공덕은 설법 공덕과 함께 크게 강조되어 왔습니다. 그리하여 수미정사 불전연구원에서도 『화엄경』(80권)을 독송하고 사경하는 데 도움이 되도록 한문 원문과 한글역을 함께 수록한 독송본과 한글역의 사경본 『화엄경』 간행불사를 발원하였습니다. 이 『화엄경』 간행불사에 뜻을 같이하여 적극 후원해주신 스님들과 재가 불자님들께 깊이 감사드립니다. 또한 『화엄경』을 수지 독송할 수 있도록 경책의 모습으로 장엄해 주신 편집위원들과 담앤북스 출판사 관계자들께도 고마움을 표합니다.

  끝으로 이 불사의 원만 회향으로 『화엄경』이 널리 유통되고, 온 법계에 부처님의 가피가 충만하시길 기원드립니다.

  나무 대방광불화엄경

불기 2564년 '부처님오신날'을 봉축하며
수미해주 합장

위태천신(동진보살)

수미해주 須彌海住

동국대학교 명예교수
중앙승가대학교 법인이사
대한불교조계종 수미정사 주지

사경본 한글역
대방광불화엄경 제4권

| 초판 1쇄 발행_ 2020년 8월 24일

| 엮은이_ 수미해주
| 엮은곳_ 수미정사 불전연구원
| 편집위원_ 해주 수정 경진 선초 정천 석도 박보람 최원섭
| 편집보_ 동건 무이 무진 김지예

| 펴낸이_ 오세룡
| 펴낸곳_ 담앤북스
　　　　서울특별시 종로구 새문안로3길 23 경희궁의 아침 4단지 805호
　　　　대표전화 02)765-1251 전송 02)764-1251 전자우편 damnbooks@hanmail.net
　　　　출판등록 제300-2011-115호
| ISBN_ 979-11-6201-246-8   04220

이 책은 저작권 법에 따라 보호받는 저작물이므로 무단전재와 복제를 금합니다.
이 책 내용의 전부 또는 일부를 이용하려면 반드시 저작권자와 담앤북스의 서면 동의를 받아야 합니다.
이 도서의 국립중앙도서관 출판예정도서목록(CIP)은 서지정보유통지원시스템 홈페이지(http://seoji.nl.go.kr)와
국가자료공동목록시스템(http://www.nl.go.kr/kolisnet)에서 이용하실 수 있습니다. (CIP제어번호: CIP2020030135)

정가 10,000원
ⓒ 수미해주 2020